엄마, 아빠 3D동물원에 놀러가요 2

조류

엄마, 아빠 3D동물원에 놀러가요 2 / 조류

초판 인쇄 2020년 9월 18일
초판 발행 2020년 9월 25일

지은이 편집부
펴낸이 진수진
펴낸곳 블루퐁

주소 경기도 고양시 일산서구 대산로 53
출판등록 2013년 5월 30일 제2013-000078호
전화 031-911-3416
팩스 031-911-3417

※ 낙장 및 파본은 교환해 드립니다.
※ 본 도서는 무단 복제 및 전재를 법으로 금합니다.
※ 저자와의 협의하에 모든 저작권은 블루독에 있습니다.
※ 본 저서는 서울대공원 동물원과의 협의하에 제작되었습니다.

엄마, 아빠 3D동물원에 놀러가요 2 조류

 블루퐁

고니 • Swan	6
구관조 • Myna	14
금계 • Golden Pheasant	22
달마수리 • Beteleur	30
독수리 • Cinereous Vulture	38
따오기 • Crested Ibis	46
백한 • Silver Pheasant	54
사랑앵무 • Budgerogar	62
오색앵무 • Rainbow Lorikeet	70
왜가리 • Grey Heron	78

원앙 • Mandarin Duck	86
저어새 • Spoonbill	94
펠리컨 • Pelican	102
푸른이마 아마존앵무 • Blue-fronted Parrot	110
해오라기 • Night Heron	118
홍학 • Flamingo	126
화식조 • Cassowary	134
황금계 • Golden Pheasant (Yellow)	142
흰꼬리수리 • White-tailed Sea Eagle	150
흰뺨검둥오리 • Spot-billed Duck	158

• 6

엄마, 아빠 3D동물원에 놀러가요 2 / 조류

고니
Swan

고니

친구들 안녕?
오늘은 아주 멋지고, 우아한
친구들을 만나볼건데요?
기대해도 좋아요~

● 8

엄마, 아빠 3D동물원에 놀러가요 2 / 조류

어머~ 이게 누구야?
손님이 찾아오셨네?~
우리 소개를 해야겠지?

고니

엄마, 아빠 3D동물원에 놀러가요 2 / 조류

어머~! 무슨 소리~~~
우리 '큰고니'는 헤엄칠 때도,
우아~하게 목을 곧게 펴고 있다구~

흑고니와는 또 다른 차이점이라는 걸 기억해둬. 친구들~ 또, 우리는 천연 기념물로 보호를 받고 있다구~

고니

친구들~! 천연기념물이란~~
그 수가 급격히 줄어들어 멸종위기에
처한 동물들을 말해요~

엄마, 아빠 3D동물원에 놀러가요 2 / 조류

선생님~ 그럼, 언젠가는 '고니'를 보지 못한단 말이에요?! 제가 꼭 '고니'를 지켜줄거에요...

응응!! 우리 '흑고니'도 '큰고니' 친구들이 오래오래 함께 할 수 있도록! 지켜줄거야!

고니

- 14

엄마, 아빠 3D동물원에 놀러가요 2 / 조류

구관조
Myna

구관조

친구들~ 어서~어서~지금~
이 소리가 무슨 소리죠?~

엄마, 아빠 3D동물원에 놀러가요 2 / 조류

어어?!~ 환영… 합니다~ 라고 하는데요?! 서… 설마 저 새가 말을 하는거에요?!~!!

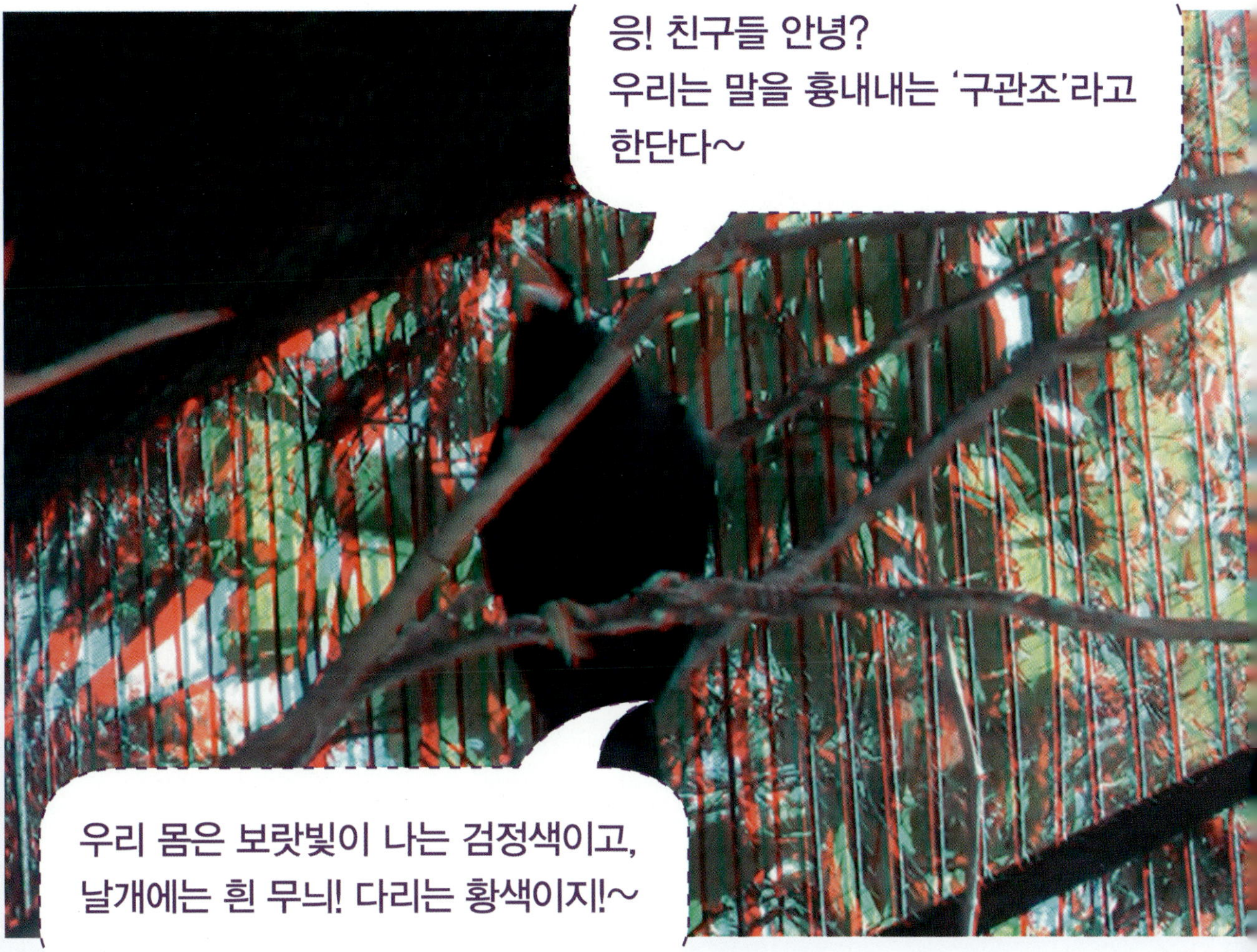

구관조

응! 친구들 안녕?
우리는 말을 흉내내는 '구관조'라고
한단다~

우리 몸은 보랏빛이 나는 검정색이고,
날개에는 흰 무늬! 다리는 황색이지!~

우와~ 꼭 까마귀 같이 생겼네?!
호호호호

엄마, 아빠 3D동물원에 놀러가요 2 / 조류

구관조

하하~ 친구들, 구관조는 까마귀와 비슷하지만, 부리와 다리색이 다르고, 까마귀보다는 작죠

엄마, 아빠 3D동물원에 놀러가요 2 / 조류

구관조

아… 미안 미안~~
말도 하는게 너무 귀여워서 그랬어~ 그럼
다음에도 우리 반갑게 인사하자~ 안녕~~

22

엄마, 아빠 3D동물원에 놀러가요 2 / 조류

금계
Golden Pheasant

금계

친구들~ 오늘은 전설속의 새! 바로 '불사조'를 만나볼거에요!~ 기대되죠?!~

엄마, 아빠 3D동물원에 놀러가요 2 / 조류

금계

엄마, 아빠 3D동물원에 놀러가요 2 / 조류

금계

하하~ 친구들~ 금계는~
꿩과도 비슷하지만~
그 생김새가 화려하죠~

엄마, 아빠 3D동물원에 놀러가요 2 / 조류

금계는 중국에서 왔고~ 추위에도 강하고~ 온순한 성격이어서~ 사람들과도 잘 지내죠~

금계

응!! 친구들, 우리는 화려한 모습뿐아니라, 멋진 마음씨까지 가졌다구!~

하하~ 우리 친구들도~ 멋진 모습 뿐아니라~ 따뜻한 마음까지 두루 갖추었죠? 그럼 다음 시간에 또 만나기로 해요~ 안녕!~

엄마, 아빠 3D동물원에 놀러가요 2 / 조류

달마수리
Bateleur

달마수리

친구들~ 잘 지냈나요?
이번 시간에는 '멋진 곡예비행선수'
를 만나볼거에요~

엄마, 아빠 3D동물원에 놀러가요 2 / 조류

이게 누구야?~
친구들!! 나를 보러 여기까지 와 주다니! 고맙군!!

나는 '달마수리'라고 해!!
우린 아주 멋진 자태를 뽐내고 있지!!

우와~ 선생님~
정말 멋지고, 화려하네요~?!~

달마수리

친구들~
달마수리는 주로 나무와 덤불이 있는
사바나에서 살고 있죠!~

또, 몸 전체는 검은색이고,
다리와 얼굴은 붉은색을 띠는 것이
특징이죠~

엄마, 아빠 3D동물원에 놀러가요 2 / 조류

친구들!
쑥스럽지만, 내 자랑을 조금 해야겠어!

우리는 먹이를 찾기 위해 하루 9시간 동안 하늘에서 비행을 할 수 있지!

달마수리

우와~! 정말?! 그렇게나 오래 하늘을 날 수가 있다구?!~

엄마, 아빠 3D동물원에 놀러가요 2   / 조류

흠!! 또 우리는 알을 낳을 때 단 하나의 알만 낳아서 사랑으로 보살핀다구!

달마수리

하하! 친구들!~ 달마수리는 멋지고, 사랑도 넘치는 것 같네요~
우리 친구들도 부모님의 사랑 속에서 무럭무럭 자라고 있죠?!
그럼 다음에 또 만나요 안녕!~

엄마, 아빠 3D동물원에 놀러가요 2 / 조류

독수리
Cinereous Vulture

독수리

친구들~ 안녕~
오늘은 귀한 손님이 찾아 왔네요?~

엄마, 아빠 3D동물원에 놀러가요 2 / 조류

독수리

그리고, 우리는 굉장히 커다란 날개를 갖고 있는데, 폭이 넓고 길단다~

엄마, 아빠 3D동물원에 놀러가요 2 / 조류

한번 보렴! 으이샤~! 어때~?
굉장히 크고 길지?~

하하~ 친구들!
독수리는 우리나라에 찾아
오는 수리 중 가장 큰편이죠~

독수리

맞아! 친구들!~ 또, 우리는 죽은 동물이나 새를 먹어서 자연의 청소부 역할을 하지!~

선생님~! 그런데~~
왜 독수리는 다~ 대머리요?~
히힛!!~

엄마, 아빠 3D동물원에 놀러가요 2 /조류

독수리

그래도 이렇게 멋진 친구들이 오래 오래 함께 할 수 있도록 여러분의 관심과 애정이 필요해요~
그럼 다음에 또 만나요~ 안녕~

엄마, 아빠 3D동물원에 놀러가요 2 / 조류

따오기
Crested Ibis

따오기

안녕~ 친구들
오늘은 어떤 친구를
만나볼까요?

엄마, 아빠 3D동물원에 놀러가요 2 / 조류

안녕~ 친구들
나는 '홍따오기'라고 해~
아메리카에서 왔지!~

우리 몸은 선명한
붉은색이고,
자랄수록 더 선명해지지!!

따오기

이렇게 어릴 때는 색깔이 없지만, 자라면서 어미와 같은 색을 띤다구!

그리고, 깃털의 끝은 검은색이고, 목과 부리는 길고~ 얇지~

엄마, 아빠 3D동물원에 놀러가요 2 / 조류

으응? 그런데 저기 저 새는 색깔이 좀 다르네?!~

아하하~ 친구들~ 우리는 '아프리카 흑따오기'라고 한단다

따오기

몸 전체는 흰색이지만~ 다리와 부리, 그리고 머리는 검은색이지!

우리는 얕은 물속을 거닐면서 긴 부리를 물이나 진흙속에 넣어 먹이를 먹지

엄마, 아빠 3D동물원에 놀러가요 2 / 조류

하하~ 친구들~ 따오기는 주로 습지나 호수에 살고, 물고기나 개구리, 조개 등을 먹는데요~

따오기

'따오기'는 우리나라에도 찾아오기도 했는데, 지금은 굉장히 보기 힘든 새죠~ 따오기를 만난다면 반갑게 인사해주세요~ 그럼 안녕

• 54

엄마, 아빠 3D동물원에 놀러가요 2 / 조류

백한
Silver Pheasant

백한

친구들~ 안녕?!
오늘은 붉은, 가면을 쓴 멋진 친구를 만나 볼거에요.

엄마, 아빠 3D동물원에 놀러가요 2 / 조류

안녕, 친구들.
우리는 '백한'이라고 해, 꿩과 비슷하게 생겼지?!

'백한'의 가장 큰 특징은 얼굴의 피부가 이렇게~! 빨~갛게 드러나 있다는거지!~

백한

그리고, 우리 깃털에는 멋진 V자 무늬가 있고!~머리에는 댕기를 딴 것처럼 깃이 있다구!~

하하~ '백한'은 자랑할 것이 정말 많군요~ 친구들~ 이제 암컷을 한번 찾아 볼까요?~

엄마, 아빠 3D동물원에 놀러가요 2 / 조류

백한

엄마, 아빠 3D동물원에 놀러가요 2 / 조류

백한

- 62

엄마, 아빠 3D동물원에 놀러가요 2 / 조류

사랑앵무
Budgerogar

사랑앵무

안녕~ 친구들?! 잘 지냈나요?
오늘은 정말 사랑스러운 친구들을
만나볼거에요~

엄마, 아빠 3D동물원에 놀러가요 2 / 조류

서로, 사이가 좋기로 유명한 '사랑앵무'에요. 이 친구들은 '잉꼬'라고도 불리지요~

친구들~ 우리집에 놀러온 걸 환영해요. 우리를 소개해줄게요~!!

사랑앵무

엄마, 아빠 3D동물원에 놀러가요 2 / 조류

또, 사람들을 잘 따르기로 유명하고! 요즘은, 어디서든 쉽게 우리를 만날 수 있다고!~

사랑앵무

하하~ 친구들 사랑앵무는 주로 땅에 떨어진 씨앗이나 곡식을 먹고 작고 약해서, 큰 무리를 이루어 생활하면서 서로를 보호하죠 ^^

엄마, 아빠 3D동물원에 놀러가요 2 / 조류

사랑앵무

우리 사이가 얼마나 좋은지 알겠지?! 이렇게~ 한시도 떨어지지 않고, 꼭 붙어있다구!~

친구들, 오늘 만나본 '사랑앵무'. 정말 사랑스럽죠?~ 우리 가족들도 얼마나 사랑스러운지 서로 자랑해 보기로 해요. 그럼 안녕~

• 70

엄마, 아빠 3D동물원에 놀러가요 2 / 조류

오색앵무
Rainbow Lorikeet

오색앵무

친구들~ 잘 지냈나요?
오늘은 오색빛깔 귀염둥이를
만나볼거에요~

엄마, 아빠 3D동물원에 놀러가요 2 /조류

오색앵무

우와~
색이 정말 화려하고 아름다워~

엄마, 아빠 3D동물원에 놀러가요 2 / 조류

응~!! 또~~ 우리는!
작지만~ 큰 새와 싸워도 지지
않고, 자기 영역을 지킨다구!~

우리가 우쭐우쭐~ 춤을 추면~
바로, 그건! 침입자들에게 경고를
하는 것이니 조심하라구!

오색앵무

하하~ 친구들
오색앵무는 작지만 강하고, 당돌한 친구네요?~

그리고, 오색앵무는 야생에서
꽃잎이나, 꿀, 과일 등을 먹는데
특이한, 혀를 갖고 있어요~

맞아~ 친구들~ 우리 혀끝에는
꿀이나 과즙을 빨아먹을 수 있는
가느다란 대롱이 있다구~

엄마, 아빠 3D동물원에 놀러가요 2 / 조류

우와~ 나비나 벌처럼~ 꿀을 빨아먹을 수 있는 거구나?~

오색앵무

맞아요~동물들도 각각의 환경에 맞추어 진화를 해왔다는 것! 놀랍지 않나요?~ 그럼~ 다음 시간에 또 만나요~~ 안녕

엄마, 아빠 3D동물원에 놀러가요 2 / 조류

왜가리
Grey Heron

왜가리

친구들~ 안녕~ 오랜만이에요~
이번 시간에는 호리호리하고,
키가 큰~ 친구를 만나볼거에요~

엄마, 아빠 3D동물원에 놀러가요 2 / 조류

바로, 황새목 왜가리과 조류인 '왜가리'에요~
이 친구들은 키가 무려 90cm나 되는 커다란 새 랍니다

왜가리

호호~ 어머 이게 누구야?~
친구들 안녕?~ 어서오라구~
나는 날씬하고 S라인~
'왜가리'라고 한단다~

우리는 가냘픈 몸에, 큰키,
긴 목과 긴다리를 가지고 있지.
날카로운 부리와 큰 날개가
특징이라고.

엄마, 아빠 3D동물원에 놀러가요 2 / 조류

하하~ 맞아요~ 친구들!
또, 왜가리의 몸은 전체적으로 흰 색이지만 머리부위와 배는 검은 색을 띠죠~

주로, 물고기나 다른 수생식물을 먹기 위해서 얕은 시냇물에 서 있거나 천천히 걸어다니죠~

왜가리

우와~ 행동이 우아한게~
꼭 신사숙녀 같아요~
아주~ 여유로워보여요~

그럼 그럼, 친구들~ 멋지게 봐줘서
고맙구나?~ 우리의 부리는 마치 핀셋처럼
뾰쪽하게 생겨서 먹이를 잘 잡을 수 있지~

엄마, 아빠 3D동물원에 놀러가요 2 / 조류

또~ 우리의 목은 정말 가늘고 길어서~ 날거나, 서 있을 때에 'S'자로 구부릴 수 있을 정도지~

하하~ 친구들~ 또 신기한게 하나 더 있어요~ 백로와 함께, 왜가리가 집단으로 찾아와 번식하는 곳을 천연기념물로 지정하여 보호하고 있데요~

왜가리

그만큼 귀중한 손님이라는 뜻이겠죠? 우리 친구들도 마찬가지로 동물 친구들에게는 귀중한 손님일거에요. 그럼, 다음 시간까지 안녕~

• 86

엄마, 아빠 3D동물원에 놀러가요 2 / 조류

원앙
Mandarin Duck

원앙

친구들~ 안녕?~
오늘 우리에게 친숙한 '새'를 만나볼게요~

엄마, 아빠 3D동물원에 놀러가요 2 / 조류

바로, '원앙'이에요~
정말 화려하고, 아름다운 새죠~

안녕?! 친구들~ 우리는 '원앙'이라고 해!!~ 우리 '원앙'은 한국에서도 찾아 볼 수 있는 새지~!

원앙

우와~! 정말 아름다워~!
꼭~ 임금님 옷을 입고 있는 것 같아!~~

엄마, 아빠 3D동물원에 놀러가요 2 / 조류

하하~! 우리는 이렇게 오색 빛깔의 화려한 자태를 뽐내고 있지!~ 노란 옆구리와 선명한 오렌지색 날개!! 멋지지?!~

하하~ 친구들~~
우리 '원앙' 친구들은 현재 천연기념물로 지정되어 있어요~

원앙

또, 예로부터 '원앙금침'이라고 해서~ 원앙처럼 화목하게 잘 살라는 바람으로, 혼례식에 빠지지 않고 등장했죠!!~

엄마, 아빠 3D동물원에 놀러가요 2 / 조류

맞아!~ 친구들~ 그리고, 우리는!!
낮에는 사람 눈을 피해서, 계곡이나
숲속에서 생활하고!!

주로 도토리나, 나무 열매 등을
먹고 살아~ 음~~ 가끔은, 작은
물고기를 먹기도 하지~!

선생님~~ 오늘 만난 '원앙'은 꼭
인형처럼 생긴게
너무 예뻐요!!~ ^^~

원앙

하하~! 친구들~
아름다운 '원앙' 친구들이 오래오래 함께 할 수 있도록, 관심 가져주기로 할까요? 그럼~ 안녕~! ^^

엄마, 아빠 3D동물원에 놀러가요 2 / 조류

저어새
Spoonbill

저어새

친구들~ 어서 와요~
오늘은 특이한 방법으로 먹이를
먹는 친구들을 만나볼거에요~

엄마, 아빠 3D동물원에 놀러가요 2 / 조류

으잉?? 특이한 방법이요?
먹이를 어떻게 특이하게 먹죠?~

하하!! 안녕~ 친구들?!
우리는 '저어새'라고 해!!

저어새

먹이를 어떻게 특이하게
먹는지 잘~~ 보라구!~
훠이~ 훠이~~~

으응?
그게 모하는거야??
그러다가 오늘 하루종일 굶겠어…

98

엄마, 아빠 3D동물원에 놀러가요 2 / 조류

하하~ 친구들~
저어새는 주걱모양의 부리로 얕은
물속을 저으면서 먹이를 찾죠~

저어새

맞아!~ 친구들!~ 우리는 영어로 Spoonbill이라고 하는데 그건 '숟가락 부리'를 가졌다는 뜻이지!!~

우리의 몸은 흰색이고, 부리는 검은색, 그 끝은 노란색이지~ 또, 가리새라고도 부른다구~~

엄마, 아빠 3D동물원에 놀러가요 2 / 조류

친구들~ 저어새는 주로 습지나 평지 등의 물가에서 지내죠~

주걱 모양의 부리 때문에 멀리서도 쉽게 저어새를 알아볼 수가 있어요~

저어새

다음에 또 만나게 된다면,
반갑게 인사해주기로 해요~
그럼 안녕~!!

엄마, 아빠 3D동물원에 놀러가요 2 / 조류

펠리컨
Pelican

펠리컨

친구들 안녕? 오늘은 커다란 바닷새를 만나볼거에요! 바로 '펠리컨'이에요

엄마, 아빠 3D동물원에 놀러가요 2 / 조류

안녕~ 우리는 '펠리컨'이라고 해~
우리는 주로 해안가나 호수에 살고, 유럽과 몽골에서 왔지~

또, 우리 몸은 1.6m 정도이고, 날개를 펴면 2.5m나 된다구~ 굉장히 크지?

펠리컨

선생님~
펠리컨들이 지금 무얼하고 있는거죠?!

아~ 친구들 저건 커다란 부리를 이용해서 먹이를 먹고 있는거에요~

엄마, 아빠 3D동물원에 놀러가요 2 / 조류

펠리컨

어어?! 욕심쟁이!!~
다 같이 사이좋게
나누어 먹어야 한다구!!

엄마, 아빠 3D동물원에 놀러가요 2 / 조류

펠리컨

앗! 친구들~ 미안~~!! 욕심이 지나쳤어!! 반성하구 있다구~ 조금 더~ 다른 친구들을 생각하고, 배려하는 '펠리컨'이 되기로 약속할게!!~

우리 친구들도 서로 배려하는 마음을 가지길 바래요.
그럼, 다음에 또 만나요~!

엄마, 아빠 3D동물원에 놀러가요 2 / 조류

푸른이마 아마존앵무
Blue-fronted Parrot

푸른이마 아마존앵무

친구들~ 안녕~ 어서 와요~
이번 시간에는 귀여운 앵무새 친구들을 만나볼거에요~

엄마, 아빠 3D동물원에 놀러가요 2 / 조류

이 친구들의 이름은 '푸른이마 아마존 앵무'라고 해요~ 또 다른 이름으로는 '청머리 앵무'라고도 하죠~

친구들~ 안녕?! 만나서 반가워~!
우리는 '푸른이마 아마존 앵무'라고 해!

푸른이마 아마존앵무

보시다시피, 우리의 깃털은 전체가 푸른 녹색을 띄고 있고~ 앞이마가 옅은 청색이기 때문에, 푸른이마라는 별칭이 붙은거라구!

몸의 길이는 약 30cm 정도이고, 날개를 펼치면 어깨부분에 황색 무늬가 선명하게 보이지!

• 114

엄마, 아빠 3D동물원에 놀러가요 2 　/ 조류

또~~ 부리는 검은색이고, 뺨과 목은 노랑색을 띄고 있어~ 알록달록한게 예쁘지 않아?~

응~ 정말 정말 예쁘고 화려하다~ 역시 앵무새과 조류가 확실하구나~

푸른이마 아마존앵무

하하!! 친구들~ 푸른이마 아마존 앵무는 주로 브라질에 분포하고 있으며, 산림지대에 모여 살아요~

엄마, 아빠 3D동물원에 놀러가요 2 / 조류

수명은 약 40년 정도를 살고 앵무새류 중 양무 다음으로 사람말 흉내를 잘 내기 때문에 널리 사육되고 있어요~

푸른이마 아마존앵무

응~! 친구들~! 알고 있겠지만~
우리도 사람들로부터 굉장히 사랑받고 있는
조류 중 하나라구~!

하해!!~~ 친구들, 오늘 만나본 친구는 어땠나요? 우리 친구들 만큼이나 사랑스럽고 예쁘죠? 그럼 다음 시간까지 안녕~!!

엄마, 아빠 3D동물원에 놀러가요 2 / 조류

해오라기
Night Heron

해오라기

친구들 안녕? 이번 시간에는 멋진 머리장식을 하고 있는 친구를 만나볼거에요~

엄마, 아빠 3D동물원에 놀러가요 2 / 조류

으응?~ 만나서 반가워~
내 이름은 '해오라기'라고 해~

우리의 머리에는 가늘고 긴~
멋진 머리장식 깃이 있지~

해오라기

주로, 한국과 일본, 유라시아 등지에서 사는데~ 여름이면 한국에도 찾아온다구!~

친구들~ 해오라기는 여름철 우리나라를 찾는 철새지만~ 최근에는 겨울에도 집단 서식이 목격된다고 해요~

엄마, 아빠 3D동물원에 놀러가요 2 / 조류

우와~ 우리나라가 살기 좋아서~
1년 내내~~ 사는 건가봐요~

해오라기

• 124

엄마, 아빠 3D동물원에 놀러가요 2 / 조류

또! 특징이 있는데! 잘 보면 우리 눈은~
빨간~~색을 띄고 있다고!~

해오라기

하하~ 친구들. 오늘 만나본 '해오라기' 어땠나요~ 또, 만나면, 반갑게 인사 나누기로 해요~ 안녕~!

126

엄마, 아빠 3D동물원에 놀러가요 2 / 조류

홍학
Flamingo

홍학

친구들~ 안녕?~
오늘은 춤을 추듯 우아~한
친구들을 만나볼게요~

엄마, 아빠 3D동물원에 놀러가요 2 / 조류

홍학

엄마, 아빠 3D동물원에 놀러가요 2   / 조류

홍학

하하!! 친구들!! 놀랐어?!
우리는 체온을 유지하거나, 잠을
잘 때에 한발로 서 있는거라구!~

그리고, 홍학의 목은 길고 유연
해서 360도까지도 돌아가고!~
발에는 물갈퀴가 달려있지요~

엄마, 아빠 3D동물원에 놀러가요 2 / 조류

흐잉… 선생님, '홍학'도 멸종위기에 처해있네요?!~사람들의 욕심이 우리 친구들을 빼앗아 가고 있어요.

홍학

맞아요…! 우리 친구들이 어서 자라나서~
동물 친구들을 지키고, 사랑하는 훌륭한 어른이
되어주세요… 그럼 다음 시간에 또 만나요 ^^

• 134

엄마, 아빠 3D동물원에 놀러가요 2 / 조류

화식조
Cassowary

화식조

친구들~ 조용조용~!
오늘 만나볼 친구는…
조심해야 해요~

엄마, 아빠 3D동물원에 놀러가요 2 / 조류

어?! 거기 누구야?~
내 영역을 침범한 사람이!!

아아… 미… 미안…
정말 아름다워서 그냥 지나칠 수 없었어…

화식조

흠… 그래?!
그럼, 내 소개를 간단히 해주지!
우리는 '화식조'라고 한단다. 타조와 에뮤, 다음으로 세계에서 3번째로 큰 새지!

• 138

엄마, 아빠 3D동물원에 놀러가요 2 / 조류

머리에는 '투구'라고 불리는
단단한 볏이 있고,
몸은 검은색, 목은 화려한 색을 띄지

음… 그런데…
새면… 하늘을 날 수도
있겠네?!

화식조

뭐?! 지금 나를 놀리는거야?
이렇게 무거운 몸으로는 날 수가
없다고!

하하, 친구들~
화식조는 이렇게 무서워보여도
밀림을 지키는 좋은 동물이래요~

엄마, 아빠 3D동물원에 놀러가요 2 / 조류

화식조는 땅에 떨어진 열매를 통째로 삼키고 배설을 하기 때문에 지나가는 자리마다 새로운 숲이 생긴다고 하네요?~

화식조

우와~ 정말 없어서는 안될 새네요~ 겉으로는 무서워보이지만, 착한 일을 많이 하네요~ 그럼 우리 다음에 또 만나요. 안녕~

• 142

엄마, 아빠 3D동물원에 놀러가요 2 / 조류

황금계
Golden Pheasant (Yellow)

황금계

안녕~ 친구들. 오늘 만나볼 친구는 반짝반짝~ 황금 망토를 입고 있네요?!~

엄마, 아빠 3D동물원에 놀러가요 2 / 조류

황금계

• 146

엄마, 아빠 3D동물원에 놀러가요 2 / 조류

황금계

어떻게 하면~ 그렇게 예뻐질 수가 있는 거야?~ 비밀을 알려달라구~!

엄마, 아빠 3D동물원에 놀러가요 2 / 조류

호호호~ 친구들은 애써 꾸미지 않아도, 지금도 충분히 사랑스럽다구!!~

황금계

하하하~ 맞아요! 친구들은 정말 사랑스럽고 소중하다는 것을 기억해야 해요~
그럼, 또~ 만나요~ 안녕~^^

150

엄마, 아빠 3D동물원에 놀러가요 2 / 조류

흰꼬리수리
White-tailed Sea Eagle

흰꼬리수리

친구들 안녕~
오늘은 부리부리하고 멋진 친구를 만나볼게요~

엄마, 아빠 3D동물원에 놀러가요 2 / 조류

안녕~ 친구들!~
우리는 '흰꼬리수리'라고 해!
맹금류에 속하지!

맹금류는 '수리'나 '매'과의
성질이 사납고, 육식을 하는
종들을 통틀어 말하지!

흰꼬리수리

엄마, 아빠 3D동물원에 놀러가요 2 /조류

하하! 친구들~
사자가 밀림의 왕이라면, 우리는 하늘의 왕이라고~
우리는 육중한 몸과 커다란 날개!
그리고, 날카로운 발톱,
강한 부리를 가졌지

흰꼬리수리

또, 몸 전체는 갈색을 띠고 부리는 황색! 하얀색 꽁지깃이 특징이지~! 자연에서, 우리를 헤칠 수 있는 천적은 없지!

그런데도, 우리는 멸종위기에 처해 있어…

하늘의 왕인데도, 멸종위기라고?! 사람들이 너의 천적이 된거야??… 미안해… 대신 사과할게…

엄마, 아빠 3D동물원에 놀러가요 2 / 조류

하하, 친구들 '흰꼬리수리'는 60년대만 해도 흔히 볼 수 있는 새였지만, 요즘은 보기 드문 새죠~

흰꼬리수리

이렇게, 멋진 새가 사라져가고 있다는 게 너무 슬퍼요… 우리 친구들을 지켜줘~ 그럼 안녕~!

엄마, 아빠 3D동물원에 놀러가요 2 / 조류

흰뺨검둥오리
Spot-billed Duck

흰뺨검둥오리

친구들~ 안녕~
오늘은 오늘은 귀여운 친구를 만나 볼게요. 바로 흰뺨검둥오리에요~

엄마, 아빠 3D동물원에 놀러가요 2 / 조류

안녕, 친구들 우리는 흰뺨검둥오리라고 해. 우리는 주로 호수나 습지 주변에 살고, 중국과 한국 전역에서 살고 있지~

흰뺨검동오리

우리는 몸길이가 61cm까지 자라서, 오리 중에서는 큰 편에 속하지~우웅?!?~ 그래도 작다구?!~ 날개를 펴면~이렇게!! 크다구!!~

엄마, 아빠 3D동물원에 놀러가요 2 / 조류

하하~ 귀여운 오리네요, 선생님~

하하~ 친구들~ 오리는 비슷해 보이긴 하지만, '흰뺨검둥오리'만의 특징을 알아볼까요?!~

흰뺨검둥오리

잠깐잠깐!!~ 내가 소개 할게!! 아아~~! 친구들~ 내 말 잘 들리지?!~

우리의 몸은 어두운 갈색이고!~ 부리는 검은색! 그리고 그 끝은 노랑색이지!~ 다리는 선명한 주황색을 띄고 있고!!~

엄마, 아빠 3D동물원에 놀러가요 2 / 조류

음~ 또~ 또~~!
우리는 수컷과 암컷이 비슷해 보이지만! 수컷은 뺨이 더 밝게 보인다구~

앞으로 우리를 보게되면!!~
"오리다~~!!"가 아니라, 꼭 우리 이름을 불러달라구!!~

흰뺨검둥오리

그럼, 우리도 친구들을 꼭 기억하고, 반갑게 인사를 할테니 말이야~ 힝~ 벌써 헤어질 시간이네. 너무 아쉬워

우리 친구들~ '흰뺨검둥오리'는 우리나라에서도 많이 볼 수 있는 '오리' 중 하나에요~ 그러니~ 꼭 기억해두었다가 반갑게 인사하기로 해요~ 그럼 안녕~ ^^

엄마, 아빠
3D동물원에
놀러가요 2

조류